# বাবান আর মৌ মা

মৌ খান

এই বইটি উৎসর্গ করছি আমার প্রিয় বাবাকে, আমার জীবনের সবচেয়ে বড় ভালোবাসা, আমার প্রথম এবং চিরন্তন নায়ককে। বাবা, তোমার ভালোবাসা, তোমার পৃথিবীর সবচেয়ে সুন্দর হাসি, আর তোমার করা নিঃস্বার্থ যত্নে আমি সবসময় নিজেকে পৃথিবীর সবচেয়ে ভাগ্যবান মানুষ বলে মনে করেছি। তোমার প্রতিটি স্নেহময় স্পর্শ, প্রতিটি উপদেশ আমার জীবনের পথ আলোকিত করেছে। তোমার সততা, সরলতা, আর সাহসিকতা আমাকে শুধু গর্বিত করে না, বরং প্রতিদিন ঠিক তোমার মতো একজন হওয়ার জন্য অনুপ্রাণিত করে।


"বাবান আর মৌ মা: ভালোবাসার এক অনন্ত বন্ধন"—এটা শুধু একটা বই নয়, এটা আমাদের বাবা-মেয়ের সুন্দর যাপিত জীবনের এক টুকরো স্মৃতি। বাবার জন্য নতুন বছরের ছোট্ট একটি উপহার। তোমার সঙ্গে কাটানো প্রতিটি মুহূর্ত আমার কাছে অমূল্য। এই বই তোমার প্রতি আমার ভালোবাসার একটি ছোট্ট নিদর্শন। তুমি যে আমার কাছে কতটা মূল্যবান, তা বলে বোঝানোর মতো কোনো শব্দ নেই। এই বই এর দ্বিতীয় অংশ আমরা দুই জন একসাথেই লিখবো দেখো।


তোমার কন্যা,
মৌ

প্রিয় পাঠক, বাংলা লেখার ক্ষেত্রে আমি বিশেষ দক্ষ নই এবং এটি আমার প্রথম প্রচেষ্টা, গুগল ট্রান্সলেট এবং বিভিন্ন স্বশিক্ষণ পদ্ধতির সাহায্যে বইটি নিজে লিখেছি, তাই কোনো ভুলক্রুটি হলে ক্ষমার দৃষ্টিতে দেখবেন।

# বিষয়বস্তু

# অনুক্রমণী

বাবার প্রতি মেয়ের অসীম ভালোবাসা, কৃতজ্ঞতা, এবং শ্রদ্ধার প্রকাশ। বাবার ভালোবাসার প্রতিটি ছোট ছোট মুহূর্ত কিভাবে তার জীবনকে আলোকিত করেছে, তারই হৃদয়গ্রাহী বিবরণ।

# ভূমিকা

এই বইটি একটি বিশেষ সম্পর্কের গল্প—এক বাবা এবং তার কন্যার মাঝে যে গভীর ভালোবাসা, বিশ্বাস, এবং বন্ধন রয়েছে, তা নিয়ে। "বাবান আর মৌ মা: ভালোবাসার **এক অনন্ত বন্ধন**" শুধু একটি নাম নয়, বরং এক অনন্য জীবনযাত্রার প্রতিচ্ছবি, যেখানে বাবা তার মেয়ের জন্য পৃথিবীর সব সুখ এনে দিয়েছেন, আর মেয়ে বাবাকে ঘিরেই নিজের জীবন গড়ে তুলেছে।

বাবা, যিনি একজন সৎ, নির্লোভ, এবং মহান ব্যক্তিত্ব, নিজের সততা, মানবিকতা এবং অপরিসীম ভালোবাসা দিয়ে সমাজে একটি উজ্জ্বল উদাহরণ স্থাপন করেছেন। তার সফলতা এবং জীবন দর্শন মেয়ের জন্য এক অনুপ্রেরণা। এই বইতে তাদের সুখের মুহূর্ত, জীবনের সংগ্রাম, এবং একে অপরের প্রতি নিঃস্বার্থ ভালোবাসার অসাধারণ কাহিনী বলা হয়েছে।

এই বই শুধু একটি ব্যক্তিগত গল্প নয়, এটি প্রতিটি বাবা-মেয়ের সম্পর্কের প্রতীক, যেখানে ভালোবাসা, সম্মান, এবং পারস্পরিক আস্থা জীবনের মূলভিত্তি। আশা করি, পাঠকগণ এই সম্পর্কের উষ্ণতা এবং গভীরতা অনুভব করতে পারবেন।

# স্বীকার

### ধন্যবাদজ্ঞাপন

বিশেষ ধন্যবাদ জানাই আরিফ ভাই ও সোনালী আপুকে, যারা আমাকে সামনে এগিয়ে যেতে উৎসাহিত করেছেন।

ধন্যবাদ জানাই সাইফুল ভাইকে, আমাদের সবার পাশে থাকার জন্য।

# প্রস্তাবনা

"বাবান আর মৌ মা: ভালোবাসার এক অনন্ত বন্ধন" একটি হৃদয়স্পর্শী বই এর রূপে চিঠি, যা এক বাবা এবং তার কন্যার অসীম ভালোবাসা, স্নেহ, এবং পারস্পরিক বিশ্বাসকে ঘিরে গড়ে উঠেছে। বাবার সৎ জীবন, দায়িত্বশীলতা এবং মানুষের প্রতি নিঃস্বার্থ ভালোবাসা, কন্যার জীবনে এক আলোকবর্তিকা হিসেবে কাজ করেছে।

এই বইতে কন্যার দৃষ্টিকোণ থেকে বাবা-মেয়ের অনন্য সম্পর্কের কাহিনী বর্ণিত হয়েছে, যেখানে বাবার সততা, মানবিকতা এবং সরলতা শুধু পরিবারের জন্য নয়, সমগ্র সমাজের জন্য এক অনুপ্রেরণা। তার নিরলস পরিশ্রম, ভালোবাসা এবং আত্মত্যাগের কাহিনী প্রতিটি পাঠকের হৃদয়কে ছুঁয়ে যাবে।

এই প্রস্তাবনায়, আমি পাঠকদের সেই গভীর ভালোবাসা এবং মানবিকতার জগতে স্বাগতম জানাচ্ছি, যেখানে একজন বাবার আদর্শ এবং একজন কন্যার চোখে সেই আদর্শের প্রতিচ্ছবি তুলে ধরা হয়েছে।

# ১

# আমার বাবা

আমার জীবনের গল্প শুরু হয় আমার বাবার সঙ্গে। যত দূর মনে পড়ে, আমার অস্তিত্বের প্রতিটি মুহূর্ত বাবার ভালোবাসা ও বাবার শাসনে মোড়া। আমি তার ছোট্ট "মৌ মা," আর তিনি আমার পুরো পৃথিবী। বাবার মতো একজন মানুষ এই পৃথিবীতে বিরল—তিনি শুধু আমার বাবাই নন, তিনি এমন একজন, যার স্নেহ, আদর, সততা ও ভালোবাসা আমাকে গড়ে তুলছে প্রতিদিন। আমার বাবা আমার জীবনের সবচেয়ে বড় আশীর্বাদ। জীবনের প্রতিটি মুহূর্তে আমি বাবার চোখে এক অনন্ত ভালোবাসার সমুদ্র দেখি, যেখানে আমি তার অস্তিত্বের মূল, আর তিনি আমার জীবনের আলো। অস্বাভাবিক শোনাতে পারে, কীভাবে একজন মানুষ এতটা সৎ, এতটা ক্ষমাশীল আর এতটাই নিষ্পাপ হতে পারে। কিন্তু যদি এই পৃথিবীতে একজন সত্যিকারের খাঁটি মানুষ থেকে থাকে, তবে তিনি আমার বাবা। পৃথিবী সবসময় ভালো মানুষদের খারাপ আখ্যা দেওয়ার চেষ্টা করে, কারণ আলো যতই উজ্জ্বল হয়, অন্ধকার ততই তাকে ঢাকতে ব্যস্ত হয়ে পড়ে। আজ আমি সংক্ষেপে আপনাদের বলব পৃথিবীর সবচেয়ে সৎ ও নিষ্পাপ মানুষটির কথা, যিনি আমার বাবা।


আদর করে ছোটবেলা থেকেই আমি বাবাকে "বাবান" বলে ডাকি। এই ডাকের মধ্যে যেন বাবার প্রতি আমার সকল ভালোবাসা, মায়া

আর গভীর বন্ধন মিশে থাকে। আমার জন্মের দিনটা আমাদের পরিবারের জন্য একেবারে স্মরণীয় একটি অধ্যায় হয়ে আছে। মা প্রায়ই বলেন, যেন আমার জন্মের সাথেই বাবার জীবনে সৌভাগ্যের সূচনা হয়েছিল। আমার জন্মের ঠিক পরপরই বাবার জীবনে ঘটে এক বিশাল পরিবর্তন—তিনি একটি বড় ব্যবসায়িক টেন্ডার পান, যা তার ব্যবসার সফলতার মূল ভিত্তি হয়ে দাঁড়ায়। তখন বাবার ব্যবসায় কিছুটা স্থবিরতা ছিল, যেন জোয়ার আসার অপেক্ষা, আর আমি সেই জোয়ারের প্রথম ঢেউ হয়ে আসি। আমার জন্মের পরই বাবার ব্যবসায় আশ্চর্য রকমের উন্নতি হতে থাকে। একের পর এক সাফল্য তার জীবনে ধরা দেয়, আর সময়ের সাথে সাথে তিনি দেশের অন্যতম সফল ব্যবসায়ীতে পরিণত হন। বাবা আজও বলে থাকেন, আমি নাকি তার জীবনে সৌভাগ্যের প্রতীক হয়ে এসেছি। আমার জন্মের পর থেকেই যেন তিনি জীবনের প্রতিটি ক্ষেত্রে আশীর্বাদ পেতে শুরু করেন। তিনি বারবার বলেন, আমি তার জীবনের সর্বশ্রেষ্ঠ আশীর্বাদ। এই কথাগুলো শুনে আমার মনে হয়, আসল সৌভাগ্যের প্রতীক তো বাবা নিজেই। সবকিছুই তার অফুরন্ত পরিশ্রমের ফল। তার জীবনের প্রতিটি অধ্যায় আমাকে শিখিয়েছে, সফলতা আসে তখনই, যখন মনের বিশালতা আর ভালোবাসার গভীরতা নিয়ে এগিয়ে যাওয়া হয়।

বাবা বলেন, আমি তার জীবনের একমাত্র আশ্রয়, তার বেঁচে থাকার কারণ। বাবা দেশের অন্যতম সেরা ব্যবসায়ী হয়ে ওঠেন। কিন্তু তার এই সাফল্য ছিল একেবারে ন্যায়সঙ্গত ও পরিশ্রমের ফল। তিনি সৎ, ন্যায়পরায়ণ, এবং মানুষের প্রতি সহানুভূতিশীল একজন মানুষ। বাবা সবসময় মানুষের পাশে দাঁড়ান, দান-খয়রাত করেন, এবং তার সাহায্যে দেশের লক্ষ্য লক্ষ্য মানুষ উপকৃত হয়েছেন। বাবার কাছে কেও সাহায্য চাওয়ার জন্য এসে খালি হাতে ফিরে গিয়েছেন এরকম হতে অন্তত আমি কখনো দেখিনি। বাইরের মানুষের কাছে আমার বাবা খুব সাহসী, রাগী এবং দৃঢ় মনোবলের মনে হতে পারে, কিন্তু সত্যি বলতে তিনি শিশুর মতো সরল, সহজে মানুষের ওপর বিশ্বাস করেন, সহজেই ব্যবহার হয়ে যান, এবং সহজেই বিশ্বাসঘাতকতার শিকার

হন। বাবার মতো একজন ভালো মানুষ এই যুগে খুবই বিরল। তার মতো সততা, আদর্শ ও সহানুভূতি খুব কম মানুষের মধ্যে দেখা যায়।

আমার জন্ম হয়েছিল একদম গোলগাল আর মিষ্টি চেহারার শিশু হিসেবে, যেন একপলক রোদের আলো মাখা হাসি নিয়ে পৃথিবীতে এসেছিলাম। আমার মুখের সেই শিশুসুলভ গোলগাল আদল আর সরল হাসি দেখে বাবার যেন প্রতিদিন নতুন করে বাঁচার রসদ মিলত। আমি ছিলাম তার চোখের মণি, তার হৃদয়ের সবচেয়ে প্রিয় সম্পদ। বাবা মাঝে মাঝেই বলতেন, আমি নাকি তার জীবনের সেরা উপহার, তার জীবনের সব স্বপ্ন আর আশা যেন আমার মধ্যেই প্রতিফলিত হতো। বাবা দেশের একজন প্রভাবশালী ব্যবসায়ী হিসেবে প্রতিষ্ঠিত হয়েছিলেন, কিন্তু তার সাফল্যের মাপকাঠি শুধুই অর্থ বা সম্পদের মধ্যে সীমাবদ্ধ ছিল না। তিনি নিজের সততা, পরিশ্রম, আর মানুষের প্রতি অকৃত্রিম ভালোবাসা দিয়ে এই সফলতার শীর্ষে পৌঁছান। ব্যবসা তার কাছে কখনো শুধুমাত্র লাভের হিসাব ছিল না—ছোটবেলা থেকেই বাবা আমাকে শিখিয়েছেন, ব্যবসার আসল অর্থ হলো মানুষের উপকার করা, তাদের পাশে দাঁড়ানো। তার এই মহত্ত্ব কেবল পেশার মধ্যেই সীমাবদ্ধ ছিল না। বাবা ছিলেন এক উদার হৃদয়ের মানুষ। তিনি সবসময় চেষ্টা করতেন, যার যেটুকু প্রয়োজন, তা পূরণ করতে। তার হৃদয় ছিল এতই বড় যে, প্রতিটি অসহায় মানুষকে নিজের পরিবারের অংশ মনে করতেন। দান-খয়রাতে তিনি ছিলেন অগ্রগামী—মানুষকে সাহায্য করা যেন তার জীবনের অন্যতম লক্ষ্য। তার এই মহৎ হৃদয় আর নিঃস্বার্থ ভালোবাসা তাকে শুধু একজন সফল ব্যবসায়ী নয়, একজন মহান মানুষ হিসেবে প্রতিষ্ঠিত করেছে। বাবা আমাকে শিখিয়েছে, সফলতার আসল মাপকাঠি হলো মানুষের প্রতি ভালোবাসা আর তাদের পাশে দাঁড়ানোর ক্ষমতা। তার প্রতি আমার এই ভালোবাসা আর শ্রদ্ধা কখনোই কমবে না, কারণ বাবা শুধু আমার বাবা নন, তিনি আমার জীবনের সবচেয়ে বড় শিক্ষাগুরু।

আমার মা আর আমি প্রায়ই একসাথে বসে আলোচনা করতাম, যে এমন সরল আর দয়ালু হৃদয়ের মানুষ আসলে ব্যবসার জন্য জন্মাননি, তিনি যেন সমাজসেবা করার জন্যই পৃথিবীতে এসেছেন। বাবার ব্যবসার দায়িত্ব মূলত অন্যরাই সামলাত, কারণ তিনি নিজে কখনোই তেমন মাথা ঘামাতেন না, বা এইসব হিসাব-নিকাশের ঝামেলা দেখতেও চাইতেন না। তাঁর মনে সবসময় মানুষের প্রতি মমতা, সহানুভূতি কাজ করত, আর সেই কারণেই তিনি যোগ্যতা যাচাই না করেই যেকোনো মানুষকে চাকরি দিয়ে দিতেন—শুধু তাদের একটু সাহায্য করার জন্য।

বাবার এই অমায়িক সহজ-সরল স্বভাবের সুযোগ নিয়ে অনেকেই তার আস্থার অপব্যবহার করত। কিছু মানুষ, যারা মানুষ রূপে সাপ, বাবার সেই মমতাময় হৃদয়ের সুযোগ নিয়ে নিজেদের স্বার্থসিদ্ধি করত। আমরা সবাই জানি, সাপ নিজের স্বভাবের বাইরে কিছু করতে পারে না—তারা সুযোগ পেলেই তাদের বিষ ঢেলে দেয়, এবং একবার সুযোগ পেলে আপনাকে নিঃশব্দে গিলে খেতে দ্বিধা করে না। বাবার মনের সেই সরলতায় বিশ্বাস রেখে এমন কিছু সাপই তার চারপাশে জড়ো হয়েছিল, যারা তার প্রতি কোনো দয়া বা কৃতজ্ঞতা প্রকাশ না করে বরং তাকে ধীরে ধীরে বিষাক্ত করে তুলতে চাইত।

তবুও, বাবার মন কখনো কুটিলতা গ্রহণ করেনি। তিনি তাঁর মানবিকতা দিয়ে সবাইকে দেখতে চেয়েছেন, তাদের প্রতি ভালোবাসা ছড়িয়ে দিয়েছেন, যদিও সেই ভালোবাসার প্রতিদানে অনেকেই কেবলই বিষ ছড়িয়েছে। তাঁর জীবনের এই গল্প যেন এক অনন্ত নিঃস্বার্থতার মহাকাব্য, যেখানে প্রতিটি অধ্যায়ে মিশে আছে মানুষের প্রতি অগাধ বিশ্বাস, আর সেই বিশ্বাসের প্রতিদানে কিছু কিছু হৃদয়ের অমানবিকতা।

আমার বাবার সঙ্গে এবং আমাদের পরিবারের সঙ্গে যা ঘটেছে, তা সত্যিই দুঃখজনক এবং অত্যন্ত বেদনাদায়ক। তিনি এক নিষ্ঠুর

বিশ্বাসঘাতকতার শিকার হয়েছেন, আর আজ তিনি কোনো কারণ ছাড়াই প্রতিনিয়ত জীবন-মৃত্যুর সঙ্গে লড়াই করছেন। হয়তো তিনিও জানেন না কেন এই পরিস্থিতির মুখোমুখি তাকে হতে হয়েছে। যারা তাকে এই বিপদে ফেলেছে এবং নিঃসংশয়ভাবে ধ্বংসের দিকে ঠেলে দিয়েছে, সন্তানদের থেকে দূরে সরিয়ে দিয়েছে, তারা এতটুকু অনুশোচনা তো দূরের কথা, এক ফোঁটা চোখের জলও ফেলেনি বাবার জন্য। যেন তাদের হৃদয়ে কোনো মায়া নেই, কোনো অনুভূতি নেই। একটি নিষ্পাপ মানুষকে তারা ধ্বংস করে দিয়েছে শুধুমাত্র স্বার্থের কারণে।

কিন্তু, সময়ের চাকা তো থেমে থাকে না। আজকের অন্ধকারের পর, কাল নতুন ভোরের সূচনা হবেই। খারাপ সময় চিরকাল স্থায়ী হয় না, এবং সত্যকে কখনো দমিয়ে রাখা যায় না। আমার বিশ্বাস, বাবার এই কষ্টের দিন খুব শীঘ্রই শেষ হবে। তিনি আবার নিজের পায়ে দাঁড়াবেন, আর সেই জয় শুধু তার নয়, তা হবে সত্যের জয়, হবে আল্লাহর ন্যায়বিচারের জয়। তার প্রতিটি পদক্ষেপ যেন আল্লাহর কাছে প্রার্থনার প্রতিফলন, আর আমি জানি, আমার বাবার এই বিজয় হবেই। সত্যের ধ্বংস নেই।

বাবা সবসময় বলেন, "সফল হওয়ার মানে নিজের ভালোটা অন্যের সঙ্গে ভাগ করে নেওয়া।" এই একটি বাক্য আমাকে সবসময় ভীষণভাবে অনুপ্রাণিত করেছে। তিনি যত বড় ব্যবসায়ীই হোন না কেন, তার আত্মা ছিল একেবারে সাধারণ, মাটির কাছাকাছি, এবং তিনি হলেন অন্যায়ের বিরুদ্ধে এক দৃঢ় ন্যায়পরায়ণ মানুষ। তার কাজের মধ্যে সততা এতটাই গভীরভাবে জড়িত ছিল যে, এ যুগে তার মতো মানুষের সংখ্যা খুঁজে পাওয়া সত্যিই কঠিন।

বাবা একজন আদর্শ মানুষ বটে। তার সততা, মহত্ত্ব, আর মানুষের প্রতি অগাধ ভালোবাসার জন্য তিনি সব ধরনের মানুষের কাছেই ভীষণ জনপ্রিয় হয়ে আছেন। তার সঙ্গে একটু কথা বললেই বোঝা

যায়, তিনি কতটা সরল, জ্ঞানী, বুদ্ধিমান, সৎ ও মমতাময়ী। তিনি এমন একজন মানুষ, যিনি নিজের সাফল্যকে শুধু নিজের মধ্যে সীমাবদ্ধ রাখেননি, বরং সবসময় অন্যদের সঙ্গেও ভাগ করে নিয়েছেন।

বাবার জীবন এক উদারতার প্রতিচ্ছবি, যেখানে প্রতিটি পদক্ষেপে তিনি দেখিয়েছেন কিভাবে নিজের কষ্টকে পাশ কাটিয়ে অন্যকে ভালবাসা যায়, কিভাবে নিজের সাফল্যকে অন্যের সঙ্গে ভাগ করে নেওয়া যায়। এমন একজন মানুষকে এক ছেড়ে দেয়া অসম্ভব, কারণ তিনি সত্যিকারের বিজয়ী, তার প্রতিটি দিনই এক মহান আত্মার জয়গাথা।

আমার জীবনে বাবা শুধু একজন অভিভাবকই নন, তিনি আমার আদর্শ। ছোটবেলা থেকেই আমি তার ছায়াসঙ্গী ছিলাম। আমার সমস্ত জগৎ আবর্তিত হতো বাবাকে ঘিরে। বাবা যেখানেই যেতেন, আমি তার সঙ্গে যেতাম। তার অফিস, ব্যবসায়িক মিটিং, এমনকি তার হেলথ ক্লাব (health club) পর্যন্ত। বাবা কখনো আমাকে তার থেকে দূরে রাখেন নি। বাবার অফিসে আমি অনেক সময় বসতাম তার চেয়ারে, আর তিনি হাসি মুখে বসতেন অতিথিদের চেয়ারে। আমি যেন তার অফিসের ছোট্ট বস হয়ে যেতাম। বাবার এই স্নেহ, ভালোবাসা, আমাকে একজন শিক্ষিত এবং খুব আত্মবিশ্বাসী মানুষে পরিণত করেছে। ছোটবেলা থেকে এখন পর্যন্ত, যখনই বাবার অফিসে যেতাম, আমাদের একটা মজার রীতি ছিল—পুরবানি হোটেল থেকে নাস্তা অর্ডার করা। চিকেন স্যান্ডউইচ, কাটলেট, আর প্যাটিস তো চাই-ই চাই! সেই পুরনো দিনের মতো বাবার সাথে বসে কবে আবার এসব খাব, ভাবলেই মজা লাগে! ছোটবেলায়, আমি আর বাবা প্রায় প্রতি শুক্রবার গাড়ি নিয়ে গুলশান এলাকায় ঘুরতে বের হতাম। এখনকার মতো এত ট্রাফিক ছিল না, সবকিছু ছিল ফাঁকা আর শান্ত। বাবার ড্রাইভিং স্কিল তো ছিল দুর্দান্ত—গাড়ি, বাইক সবই চালাতে পারতেন। মজার ব্যাপার হলো, তিনি মজা করে বলতেন, "বাস, ট্রাক,

রিকশা—সবই আমি চালাতে পারি মা, কারণ ছেলে মানুষ এর সবকিছু শিখে রাখা উচিত!" বাবা আসলেই একদম মাল্টি-ট্যালেন্টেড, কিন্তু তার এত শত গুণ সব যেন বিভিন্ন দায়িত্বের ভারে চাপা পড়ে গিয়েছিলো। এগুলো বেশিদিন আগের কথা না, বাবার সাথে সেই গাড়িতে ঘুরে বেড়ানোর দিনগুলো মনে পড়লে এখনও একরকম আনন্দে মন ভরে যায়! কি যে আদরের বাবা এটা আমার।

আমার বাবা শুধুমাত্র জীবনের নানা বিষয়ে বিশেষজ্ঞ নন, তিনি ইন্টেরিয়র ডিজাইন ও আর্কিটেকচারেও অসাধারণ জ্ঞান রাখেন। এটা শুনতে অবাক লাগতে পারে, কিন্তু প্রতিবারই যখন আমরা বাড়ি, অফিস বা কোনো অনুষ্ঠানের সাজসজ্জার জন্য কোনো জনপ্রিয় আর্কিটেক্ট কিংবা একদল আর্কিটেক্ট নিয়ে আসতাম, তারা কখনোই বাবার আইডিয়ার সঙ্গে টক্কর দিতে পারতো না। বাবার সৃজনশীলতা, তাঁর অনন্য ডিজাইনের ভাবনা ছিল সবসময় অন্যদের চেয়ে একধাপ এগিয়ে। খুব ট্রেনিং প্রাপ্ত আর্কিটেক্টরাও উনার সামনে হার মানত। শুধু বাহ্যিক সৌন্দর্যের কথাই নয়, বাবার টেকনিক্যাল জ্ঞানও সাংঘাতিক ভালো—ফিটিংসের মাপ, কাঠের ধরণ, ওজন, ডাইমেনশন, রং থেকে শুরু করে ভবিষ্যতে কাঠামো কতটা টেকসই হবে—এসব বিষয়েও তার নিখুঁত ধারণা ছিল। ফার্নিচার থেকে শুরু করে বাথরুম, কিচেন কিংবা অফিসের ফিটিংস—এসব বিষয়ে তাঁর রুচি একেবারে বিশ্বমানের। আপনাকে বাবার সঙ্গে থাকতে হবে, তাঁর প্রতিটি কাজকে দেখতে হবে, তবেই আপনি বিশ্বাস করবেন সে কি জিনিস! আমি ভাগ্যবান, কারণ আমি আমার জীবনের প্রতিটি মুহূর্তে তাঁর এই প্রতিভার সাক্ষী ছিলাম। আর তাঁর কাছ থেকে অনেক কিছু শেখার সুযোগ পেয়েছি। বাবাই হলেন আমার জীবনের সর্বশ্রেষ্ঠ গুরু। তাঁর কাছ থেকে শিখে আমি জানি, তাঁর সৃজনশীলতা আর বহুমুখী প্রতিভা ঠিক কতটা অনন্য। বাবার এই গুণাবলি আমাকে শুধু বিস্মিতই করেনি, বরং তাঁর মতো মানুষকে নিজের জীবনে প্রতিদিন দেখার জন্য আমি কৃতজ্ঞ। তিনি আসলেই এক সত্যিকারের বহুমুখী প্রতিভাধর মানুষ।

আমার বাবা খুব শৌখিন মানুষ। তিনি সবসময় আমার আর আমার বড় ভাইয়ের জন্য নানা বিলাসিতা এনে দিতেন। বিদেশে যখনই যেতেন, এয়ারপোর্ট থেকে চকলেট, খেলনা, খাবার, আর নানা আন্তর্জাতিক ব্র্যান্ডের স্ন্যাকস কিনে আনতেন। বাবার কাছে টাকা থাকুক বা না থাকুক, তিনি কোনোদিন আমাদের বুঝতে দেননি। মূল্য বেশি হওয়া সত্ত্বেও, বাবা সবসময় আমার একাডেমিক বইগুলো অক্সফোর্ড ও ক্যামব্রিজ বিশ্ববিদ্যালয়ের লাইব্রেরি থেকে কিনতেন। কখনও কখনও তিনি ঠিক জানতেন না নিউরোসাইকোলজি বিষয়ে কোন বইটা কিনতে হবে, কিন্তু তাঁর অসীম নিষ্ঠা এবং ভালোবাসার কারণে, তিনি সবসময়ই তাঁর প্রিয় মেয়ের জন্য সেরা সাইকোলজি বইগুলো নিয়ে আসতেন। আমার বাবা পৃথিবীর সবচেয়ে আত্মবিশ্বাসী মানুষ। জীবনে কখনো কোনো জায়গায় প্রবেশ করতে তার একটুও দ্বিধা ছিল না। পৃথিবীর সেরা বিশ্ববিদ্যালয়গুলোর মধ্যে যেখানেই প্রয়োজন হোক না কেন, তিনি সগর্বে প্রবেশ করতেন এবং তার মেয়ের জন্য দরকারি সব বই সংগ্রহ করতেন। বাবার আত্মবিশ্বাসের এক অনন্য শিখর ছিল। তিনি কখনও কোনো লাইনে দাঁড়াননি, এমনকি সবচেয়ে বিলাসবহুল স্টোরগুলোতেও মাথা উঁচু করে, গর্বের সঙ্গে প্রবেশ করতেন। তাঁর উপস্থিতিতে এমন এক বিশালতা ছিল, যে কেউ কখনো সাহস পেত না তাকে থামানোর।


বাবা এমন একজন মানুষ, যার চারপাশে এক অভূতপূর্ব সম্মান আর ইতিবাচকতার আভা ঘিরে থাকত। তাঁর উষ্ণতায় মানুষ মুগ্ধ হয়ে যেত। তাঁর আত্মবিশ্বাস এতটাই অসীম, যেন সবকিছুই তাঁর সামনে সহজ হয়ে যেত। এমন মানুষ, যিনি বিন্দুমাত্র সংশয় ছাড়াই পৃথিবীর যেকোনো স্থান আপন করে নিতে পারেন, তাঁর মতো দ্বিতীয় কেউ আর নেই। বাবার মতো উজ্জ্বল, সদয় ও আত্মপ্রত্যয়ী মানুষ সত্যিই বিরল।


বাবার এই ভালোবাসার মধ্যে কোনো হিসাব ছিল না। তার ভালোবাসা একেবারে নিঃস্বার্থ, যার মধ্য দিয়ে আমাদের জীবনটা

যেন এক স্বপ্নের মতো কেটে যাচ্ছিল। একটি খুব মজার কথা প্রায়ই মনে পরে যে বাবা আমার জন্য প্রায়ই বার্বি পুতুল নিয়ে আসতেন। ছোটবেলা থেকেই আমি বার্বি পুতুলের প্রতি খুব দুর্বল ছিলাম, আর বাবা কখনোই আমার কোনো ইচ্ছার অবহেলা করেননি। যতগুলো বার্বি আমি চেয়েছি, বাবা আমাকে সব এনে দিয়েছেন। আরেকটা মজার তথ্য হল আমি বাবাকে "বাবান" বলে ডাকি, আর তিনি আমাকে নানা আদুরে নামে ডাকেন —"মানান", "মৌ মা", বা শুধু "মা"। যখন আমি ছোট ছিলাম, বাবা তার লেখা একটি সুন্দর ছোট্ট উক্তি প্রায়ই বলতেন, <u>"মৌ বেটি আক্কার লাঠি"</u>। এই উক্তি টি শুনলেই আমি খিলখিল করে হাসতাম। মা বলেন "সেই ছোট্ট মৌ বেটি এখন আসলেই আক্কা'র লাঠি।

আমাদের সবচেয়ে আনন্দময় মুহূর্তগুলো ছিল যখন বাবা আমাকে নিয়ে ডিনার করতে বের হতেন। খাবার চেয়ে বেশি বাবার সাথে গাড়িতে বসে থাকতেই আমার বেশি আনন্দ লাগতো। আমার বাবা গাড়ি অনেক পছন্দ করেন এবং সব ধরনের গাড়ি সম্পর্কে তার খুব ভালো জ্ঞান আছে। আমরা একসঙ্গে বের হতাম, প্যান প্যাসিফিক সোনারগাঁও হোটেলের বুফেতে খেতে যেতাম। সেখানে বাবা কে সবাই খুবই সন্মান করে এবং ক্লিনার থেকে শুরু করে জেনারেল ম্যানেজার পর্যন্ত বাবা কে খুব ভালো জানে। বুফেতে নানা রকমের খাবার থাকত, আর খাবারের শেষে আমি সবসময় আইসক্রিম দিয়ে দিনটা শেষ করতাম। বাবার সঙ্গে কাটানো সেই মুহূর্তগুলো আমার জীবনের সবচেয়ে মূল্যবান স্মৃতি। বাবা মিষ্টি হেসে ওয়েটার কে বলতেন "খাবার খাওয়ার নাম নাই কিন্তু আইস-ক্রিম না খেলে তো হবেই না তার"। আমি ছোটবেলায় খুবই লাজুক ছিলাম, এখনও মানুষের সাথে বেশি কথা বলতে পারি না। তাই রেস্টুরেন্টে গেলেই আমার অর্ডারটা সবসময় বাবাই করতেন। বাবা আর আমি বীফ স্টেক আর গ্রিলড ভেটকি ফিশ বেশ মজা করে খেতাম। বাবাই আমাকে প্রথম স্টেক খাওয়ান। তার কারণেই আমি ৩-৪ বছর বয়স থেকেই বিভিন্ন আন্তর্জাতিক খাবারের সাথে পরিচিত হয়ে গিয়েছিলাম। বাবা আসলেই অসম্ভব জ্ঞানী একজন মানুষ। তাঁর কাছ থেকে শুধু ভালো খাবারের স্বাদই না, জীবনের নানা রকম বিষয়ও শিখেছি।

বাবা আমাকে সবসময় নানা ধরনের আন্তর্জাতিক খাবারের সঙ্গে পরিচয় করিয়েছিলেন। তিনি কখনো আমাদের খাদ্যাভাবে পড়তে দেননি। ছোটবেলা থেকেই তিনি আমাদের ভালো খাবার খাওয়াতেন, আর আমাকে নতুন নতুন খাবারের স্বাদ নিতে উৎসাহ দিতেন। একদিন বাবা আমাকে সি-ফুডের স্বাদও চেখে দেখান। তার থেকে আমি শিখেছি নতুন জিনিসের স্বাদ নিতে, নতুন অভিজ্ঞতা উপভোগ করতে, আরও কত কিছু। বাবা আমার কাছে শুধু একজন রোল মডেলই নন, তিনি আমার প্রতিটি অভ্যাসের আদর্শ। ছোটবেলা থেকেই আমি বাবার সবকিছু অনুসরণ করি। তার খাওয়ার ধরন, তার কথা বলার স্টাইল, তার পোশাক, এমনকি তার হাঁটার ধরণ—সবকিছু আমি হুবহু নকল করি। আমার কাছে বাবার মতো হওয়াটাই সাফল্য। বাবা আমার জীবনের সবকিছু, আমার ভালোবাসা, আমার আশ্রয়, আমার সব। আরেকটি লক্ষণীয় বিষয় হলো, আমার এবং বাবার একটি অভ্যাস রয়েছে—শুয়ে থাকাকালীন বা বসার সময়, আমরা অনিচ্ছাকৃতভাবে পা নাড়তে থাকি। এটি কখনো বাবাকে দেখে অনুকরণ করিনি, বরং স্বাভাবিকভাবেই এমন অভ্যাসটি গড়ে উঠেছে। তাছাড়া, আমার হাত ও পায়ের আঙুলের গঠন বাবার সঙ্গে প্রায় হুবহু মিলে যায়, যেন কার্বন কপির মতো। হাঁটার ভঙ্গিতেও আমাদের মধ্যে মিল রয়েছে—আমি বাবার মতোই দুই হাত পেছনে নিয়ে ফোন ধরে হাঁটি, যদিও বাবা অনেক দ্রুত হাঁটেন। পাশাপাশি, লাল রঙের প্রতি আমাদের দুজনেরই বিশেষ ভালোবাসা রয়েছে। এসব মিল আমাদের সম্পর্কের আরও গভীরতর সংযোগকে তুলে ধরে।


আমার জীবনের প্রতিটি ধাপে আমি বাবার ভালোবাসা ও স্নেহে বড় হচ্ছি। তার মতো একজন সৎ, ন্যায়পরায়ণ, এবং দয়ালু মানুষ এই যুগে খুবই বিরল, এর চেয়ে বড় সত্য আর পৃথিবীতে নেই। বাবা শুধু আমার জীবনের আলো নন, তিনি আমার জীবনের প্রতিটি ধাপে আমার গাইড। তার আদর্শ আমাকে সবসময় অনুপ্রাণিত করে, এবং আমি জানি, যত দিন বাবা আমার পাশে আছেন, আমি পৃথিবীর যেকোনো চ্যালেঞ্জ মোকাবিলা করতে পারব।

বাবা সবসময় বলেন, "তুমি যদি পড়াশোনায় ১০০% নম্বর না পেতে পারো, তবে এই পড়াশোনার কোনো অর্থ আমার কাছে নেই।" এই কথাগুলো আমার জীবনের প্রতিটি স্তরকে গঠন করেছে। বাবার প্রতিটি কথা আমার জন্য পবিত্র কোরানের আয়াতের মতো। তার নির্দেশের বাইরে যাওয়ার কোনো প্রশ্নই উঠে না। আমার পড়াশোনার শুরু থেকেই আমি রাত-দিন কঠোর পরিশ্রম করেছি, একাগ্রতার সঙ্গে বইয়ে ডুবে থেকেছি, এবং প্রতিটি পরীক্ষায় সাফল্যের সঙ্গে উত্তীর্ণ হয়েছি। যদিও গণিত আমার দুর্বল দিক ছিল, কিন্তু তাও আমি চেষ্টার কোনো কমতি রাখিনি। বাবা সবসময় আমার জন্য গর্বিত। যেখানেই যান, তিনি সবার কাছে আমার সাফল্যের গল্প শেয়ার করেন, সবসময় সবাইকে জানাতেন কতটা ভালো ফলাফল করছি আমি, কতটা পরিশ্রম করছি। যেখানেই যেতেন, তার মেয়ের সাফল্যের গল্প শোনাতেন এবং লোকেরা জানত, বাবা তার মেয়েকে কতটা ভালোবাসেন।

তাহলে, এটি ছিল আমার বাবা সম্পর্কে একটি ছোট্ট পর্যালোচনা, যিনি শুধু সুদর্শনই নন, তার সাথে একজন কোমল হৃদয়বিশিষ্ট এবং অত্যন্ত ভালোবাসাপূর্ণ মানুষ। বাবার হাসিটা এমন, যেন পৃথিবীর সব সুখ এক জায়গায় জমা হয়েছে! ছোট থেকে বড়, জীবনের প্রতিটি পদক্ষেপে তার ভালোবাসা আর স্নেহ আমাদেরকে ঘিরে রেখেছে। বাবা কখনো রাগ করলেও সেটা যেন মুহূর্তেই গলে যেত। তাঁর সাথে সময় কাটানো মানে ছিল হাসি-মজা, গল্প আর নতুন কিছু শেখা। বাবা একদিকে যেমন দারুণ রসবোধের মানুষ, অন্যদিকে অসীম জ্ঞানের ভাণ্ডার। সবকিছুর মধ্যেই একটা ভারসাম্য রক্ষা করার তার অসাধারণ ক্ষমতা আছে। বাবা যে সবসময় আমাদের কতটা ভালোবাসা আর যত্নে রেখেছেন, তা কোনোদিনই টের পাইনি। জীবনের দায়িত্বগুলো যতো বড়ই হোক, তিনি আমাদের সেটা কখনো বুঝতে দেননি। তাই, এই মানুষটিকে নিয়ে কিছু বলার চেষ্টা করলেও, তা আসলে কখনোই যথেষ্ট নয়। তিনি সত্যিই অসাধারণ মানুষ, যার অসাধারণ ভাবে পরিবারকে ভালোবাসার আর মানুষকে মমতায় আগলে রাখার ক্ষমতা রয়েছে।

Enter Caption

# ২

# বাবার স্বপ্ন, আমার সাফল্য

বাবার সাথে সময় কাটানো মানেই হলো এক দারুণ অভিজ্ঞতা, যেখানে আমি শুধু তাঁর মেয়ে নই, বরং তাঁর সেরা বন্ধু। বাবা যে শুধু আমার পড়াশোনা বা একাডেমিক বিষয়ে নজর দিয়েছেন তা নয়। তিনি সবসময় চান যে আমি জীবনকে সব দিক থেকে ভালোভাবে জানি ও বুঝি। আমরা শুধু পৃথিবীর অর্থনীতি বা বিজ্ঞান নিয়ে আলোচনা করতাম না, বরং ফুটবল, ক্রিকেট, সিনেমা, গাড়ি, ঘড়ি, পোশাক, বাজারের মূল্য, প্রযুক্তি, পুষ্টি—এই সবকিছু নিয়ে আমাদের ঘণ্টার পর ঘণ্টা গল্প চলতো। বাবা আমাকে শেখাতেন কীভাবে বাজারের জিনিসপত্রের দাম বুঝতে হয়, কীভাবে ভালো ঘড়ি বা গাড়ি বেছে নিতে হয়, কিংবা কীভাবে নিজের পছন্দমতো পোশাক বা জুতা নির্বাচন করতে হয়। আমার খাদ্যাভ্যাস, কী খাবো, কীভাবে নিজেকে ভালোভাবে প্রকাশ করবো, সবকিছুতেই সবসময় তার সঠিক পরামর্শ রয়েছে।

তিনি আমাকে শুধু বিশ্ব অর্থনীতি বা বিজ্ঞানের জ্ঞানই দেননি, বরং কীভাবে সমাজের বিভিন্ন স্তরের সাথে মেলামেশা করতে হবে, কোথায় কীভাবে কথা বলতে হবে—এসব বিষয়ে তিনি আমাকে দিকনির্দেশনা দিতেন। আমি কীভাবে চলবো, কীভাবে মানুষের সাথে আচরণ করবো, সবকিছুতেই বাবার অসামান্য অবদান

রয়েছে।

আর যেটা সবচেয়ে মজার, প্রতিটি রাত ছিল আমাদের গল্পের রাত। গত দুই দশকেরও বেশি সময় ধরে, আমি এবং বাবা প্রতিদিন রাতে ঘন্টার পর ঘন্টা ধরে বিভিন্ন বিষয় নিয়ে কথা বলেছি। বাবা শুধু আমার বাবা নন, তিনি আমার জীবনের সবচেয়ে ঘনিষ্ঠ বন্ধু। আমার কখনো মনে হয়নি, এই পৃথিবীতে কোনো বাবা-মেয়ের বন্ধুত্ব এত গভীর হতে পারে। আমরা একে অপরকে ছাড়া আর কাউকে প্রয়োজন মনে করতাম না। মা প্রায়ই এসে বলতেন, "তোমাদের কথার তো কোনো শেষ নেই!" তারপর তিনি আমাকে ঘুমাতে পাঠানোর চেষ্টা করতেন, কিন্তু বাবা আর আমি গল্প করতে এতটাই ডুবে থাকতাম, যেন আমাদের কখনোই ঘুমানোর প্রয়োজন নেই! এভাবেই, বাবা আমাকে জীবনের প্রতিটি ছোট-বড় বিষয় সম্পর্কে শিক্ষা দিয়েছেন, এবং তার সাথে কাটানো প্রতিটি মুহূর্ত হলো আমার জন্য বিশেষ, যা আমাকে একজন পরিপূর্ণ মানুষ হিসেবে গড়ে তুলতে সাহায্য করেছে। তাঁর সঙ্গে এই বন্ধন শুধু বাবা-মেয়ের নয়, বরং গভীর বন্ধুত্বের, যা কোনো কিছুর সাথে তুলনা করা যায় না।

মায়ের প্রতিও বাবার ভালোবাসা অসীম। মা অত্যন্ত সরল ও মিষ্টি একজন মানুষ, যার সারা পৃথিবী ঘুরপাক খায় তার পরিবারের মধ্যেই। মায়ের সবচেয়ে বড় গুন তিনি খুবই স্পষ্টভাষী, এবং আমাদের পরিবারকে যেন তিনি এক সুন্দর ভালোবাসার বাঁধনে বেঁধে রেখেছেন, যেখানে প্রতিটি অনুভূতি পরিপূর্ণ এবং অটুট। বাবা মায়ের প্রতি সবসময় যত্নবান। তিনি মায়ের প্রতিটি ইচ্ছা পূরণ করেন, তাকে সুখী রাখার জন্য সর্বোচ্চ চেষ্টা করেন। এই সুন্দর পরিবারে বড় হতে পেরে আমি নিজেকে ভাগ্যবান মনে করি।

বাবা খুবই শৌখিন একজন মানুষ। তার রুচি, ফ্যাশন সেন্স, এবং সবকিছুতেই যে অসাধারণ সৃষ্টিশীলতা রয়েছে, তা দেখে আমি প্রতিনিয়ত মুগ্ধ হই। সবকিছুতেই তার বিশেষ রুচি রয়েছে। দাদি

সবসময় বলেন, ছোটবেলা থেকেই বাবা খুব শৌখিন ছিলেন। তখন থেকেই তিনি নিজের পোশাক নিজেই ডিজাইন করতেন! বিভিন্ন ধরনের ফ্যাব্রিক সংগ্রহ করে দর্জির কাছে যেতেন, আর সেগুলো মিলিয়ে নতুন ধরনের শার্ট বা পোশাক বানাতেন। এটা শুনে অবাক হলেও, আমি বলতে পারি যে, তার এই ডিজাইনার প্রতিভা আজও বাবার মধ্যে অটুট রয়েছে। আজও তিনি নিজের ফ্যাশন নিয়ে পরীক্ষামূলক কাজ করেন এবং প্রতিবারই সবাই তার পোশাক এবং স্টাইলের প্রশংসা করেন। সত্যিই, তার রুচির প্রশংসা না করে থাকা যায় না!

বাবা শুধু নিজেকে উপস্থাপন করার দিকেই নয়, পোশাকের বাইরে আরও অনেক কিছুতে অসাধারণ রুচি দেখিয়েছেন—ঘড়ি, বেল্ট, জুতা, সানগ্লাস, এমনকি পারফিউম পর্যন্ত। তার কাছে প্রতিটি জিনিসের একটি আলাদা গল্প আছে। দাদি বলেন, ছোটবেলা থেকেই বাবা এইসব জিনিস সংগ্রহ করতে পছন্দ করতেন, এবং সেটা আজও অব্যাহত। তিনি বিভিন্ন ফ্যাশন ব্র্যান্ড সম্পর্কে এমন জ্ঞান রাখেন, যা বিশ্বমানের। আমি বাবার কাছে শুধু স্টাইল শিখিনি, বরং তার থেকে জীবনযাত্রার নানা ছোটখাটো বিষয়েও শিক্ষা পেয়েছি। কীভাবে নিজেকে সবসময় পরিষ্কার-পরিচ্ছন্ন রাখা যায়, কীভাবে একজন আত্মবিশ্বাসী উপস্থিতি তৈরি করতে হয়—এগুলো সবই বাবার কাছ থেকেই শেখা। প্রতিদিন তিনি এমন সুন্দর করে নিজেকে সাজান যে, সবাই তার পোশাক এবং ব্যক্তিত্বের প্রশংসা করে। আমি গর্বিত, কারণ আমার বাবা প্রতিদিন দারুণভাবে পরিপাটি ও সুসজ্জিত থাকেন আর আমাদের সবাইকে অনুপ্রাণিত করেন নিজের খেয়াল রাখতে। তিনি শুধু ভালো পোশাক পরেন তা নয়, তিনি খুবই গোছানো স্বভাবের। তার কলম থেকে শুরু করে নোট বই, তসবিহ, সবকিছু যেন এক নিখুঁত লাইনে সাজানো থাকে।

তার প্রতিদিনের পরিপাটি পোশাক, সুগন্ধি, এবং পরিপূর্ণ ব্যক্তিত্ব যেন সকলের দৃষ্টি আকর্ষণ করে। কেউ কেউ তো এমনও বলেন, "তোমার বাবা যেন একজন সেলিব্রিটি।" তবে আমি বলবো,

অনেক সেলিব্রিটির চেয়েও ভালো পোশাক পরেন আমার বাবা! শুধু ভালো পোশাক পরা নয়, যা বললাম তিনি খুবই গোছালো স্বভাবের। তার সবকিছু—কলম, নোটবুক, মোবাইল, রিমোট, তসবিহ—এমনভাবে সাজানো থাকে যেন কোনো জাদুর ছোঁয়া। বাবার একটি অনন্য গন্ধ আছে, যা আমি দূর থেকে চিনতে পারি। তার ব্যবহৃত সুগন্ধি এমন, আমি যেখানেই থাকি, সেই গন্ধ পেলেই বুঝতে পারি বাবা আসছে।

বাবার নিজেকে উপস্থাপন করার জ্ঞান সত্যিই অসাধারণ। তিনি একেবারে বিশ্বমানের ধারণা রাখেন। বাবা আমাদের পরিবারের সবাইকে বিভিন্ন আন্তর্জাতিক ব্র্যান্ডের সাথে পরিচয় করিয়েছেন। তিনি শুধু ভালো পোশাক পরেন তা নয়, বরং সবসময় গোছানো, পরিপাটি এবং সুসজ্জিত থাকেন। তার এই জীবনযাপনের প্রতি যত্নশীল মনোভাব আমাকে প্রতিদিন অনুপ্রাণিত করে।

বাবার প্রতিদিনের উপস্থিতি, তার আত্মবিশ্বাস এবং যেকোনো কিছুতে পারফেকশন খোঁজার প্রবণতা দেখে আমি সবসময়ই অনুপ্রাণিত হই। তার কাছ থেকে আমি শুধু পোশাকের রুচি শিখিনি, বরং জীবনের প্রতি দৃষ্টিভঙ্গি এবং নিজের যত্ন নেওয়ার মতো গুরুত্বপূর্ণ বিষয়গুলোও শিখেছি। প্রতিদিন নতুন কিছু শেখার সুযোগ পাই তার কাছ থেকে, এবং তার মতো একজন বাবাকে পেয়ে আমি নিজেকে সবসময়ই ভাগ্যবান মনে করি। আমাদের গল্পের কোনো শেষ নেই, মা সবসময় এসে বলতেন, "তোমাদের কথার তো আর শেষ হবে না!" আমি আর বাবা কখনোই থামতাম না। তার সান্নিধ্যে কাটানো প্রতিটি মুহূর্ত যেন এক অমূল্য উপহার।

বাবা আমাকে শিখিয়েছেন কীভাবে নিজের ত্বকের যত্ন নিতে হয় এবং সুস্থ খাওয়ার অভ্যাস কীভাবে গড়ে তুলতে হয়। তিনি আমাদের সবসময় স্বাস্থ্যকর খাওয়া নিয়ে সচেতন করেছেন, যদিও আমার জন্য স্বাস্থ্যকর খাবার খাওয়া সবসময় একটু কঠিন ছিল, কারণ আমি মিষ্টি জিনিস পছন্দ করি। বাবাও মিষ্টি ভালোবাসেন,

বিশেষ করে বাংলাদেশি ও ভারতীয় মিষ্টি, এবং বাদাম মেশানো গোডাইভা ব্রান্ডের চকোলেট তার সবচেয়ে প্রিয়। কুলফি আইস-ক্রিম খেতেও বাবা খুব পছন্দ করেন এবং প্রায়ই আমরা দুই জন খুব শখ করে কুলফি খেতাম। আমি তার প্রতিটি পছন্দ হৃদয় দিয়ে জানি। আমের মৌসুম এলেই বাবা আর আমি আম খুব শখ করে খেতাম। বাবার টক দইও খুব প্রিয়, আর মাঝে মাঝে গভীর রাতে আনন্দ করে বাপ বেশি খেতাম রুটি ডিম দিয়ে ভাজা, যা কে ইংলিশ এ বলে "ফ্রেঞ্চ টোস্ট"। বাবা খুব স্বাস্থ্য সচেতন, তাই নিয়মিত এসব খেতেন না, কিন্তু বিশেষ কিছু সময়ের জন্য তিনি অপেক্ষা করতেন, যখন আমরা একসঙ্গে মিষ্টি কিছু খাবার উপভোগ করতাম। তখন যেন আমাদের ছোট ছোট আনন্দ মুহূর্তগুলো আরও রঙিন হয়ে উঠত। আমার সাথে যুক্তি না করে বাবা কোনো খাবার এ খান না কারণ আমার ডায়েট এর বেপারে গবেষণা তে বাবা খুব বিশ্বাসী।

আমাদের মধ্যে এমন একটি বিশেষ সম্পর্ক রয়েছে, যেখানে বাবা আমার কথাকে অন্ধভাবে বিশ্বাস করেন। তার এই বিশ্বাস আমার জন্য সবচেয়ে বড় দায়িত্ব হয়ে দাঁড়িয়েছে। আমি বাবার স্বাস্থ্যের জন্য গভীরভাবে চিন্তিত থাকি এবং তার জন্য স্বাস্থ্যকর খাবারের তালিকা তৈরি করেছি—চিয়া বীজ, বাদাম, মাছ, ডিম, দারুচিনি, অ্যালোভেরা, এবং নানা ধরনের ভিটামিন। তিনি সেই তালিকা গত বিশ বছর ধরে একটুও ব্যত্যয় না করে মেনে চলছেন। গত ২০ বছর ধরে তিনি একদিনও মিস না করে আমার অনুরোধ মেনে চলছেন, এটিই প্রমাণ করে তিনি তার মেয়েকে কতটা ভালোবাসেন এবং তার কথা কতটা গুরুত্ব দিয়ে শোনেন। তার প্রতি আমার ভালোবাসা যেমন গভীর, তেমনই তার প্রতি আমার দায়িত্বও অগাধ। আমার বাবার সঙ্গে কাটানো প্রতিটি মুহূর্ত আমার প্রিয়, আমি তাকে আমার পুরো অস্তিত্ব দিয়ে ভালোবাসি।

কিন্তু বাবার সাথে আমার জীবনের সবচেয়ে প্রিয় স্মৃতিগুলোর মধ্যে একটি হল আমার গ্র্যাজুয়েশন ডে, যা হয়েছিল ওয়েলস, যুক্তরাজ্যে। সারা জীবন ধরে আমি মানুষের কাছ থেকে প্রচুর

ভালোবাসা, সম্মান, আর যত্ন পেয়েছি বাবার সুনাম আর পরিচয়ের কারণে। আমি সবসময়ই "বাবার মেয়ে" হিসেবে পরিচিত ছিলাম, আর এতে আমি গর্বিত। কিন্তু সেই দিন, প্রথমবারের মতো, পুরো দৃশ্যটাই অন্যরকম ছিল। সেদিন বাবাকে সবার সামনে খুব গর্ব করে দাঁড়িয়ে থাকতে দেখলাম, আর সবাই তাঁকে চিনছিল "মৌ এর বাবা" হিসেবে।

সেদিন আমাকে "ইন্টারন্যাশনাল স্টুডেন্ট অ্যাম্বাসেডর" হিসেবে ঘোষণা করা হয়, আর ইউনিভার্সিটি অব ওয়েলস আমাকে এবং বাবাকে দারুণ সম্মান দেয়। আমি আমাদের ব্যাচের শীর্ষস্থানীয় (টপার) হয়েছিলাম, তাই বাবাকে সবার সামনে বসার সবচেয়ে ভালো জায়গা টা দেওয়া হয়েছিল। যখন আমার নাম ঘোষণা করা হয় আর আমি স্টেজে উঠে যাই, বাবা এতটাই গর্বিত ছিলেন যে, তিনি সিট থেকে উঠে গিয়ে ঠিক স্টেজ এর সামনে যেয়ে ভিডিও করছিলেন। খুবই সুন্দর স্যুট পড়েছিলেন সেইদিন বাবা। সেই মুহূর্তটা কেও না দেখলে বিশ্বাস করতে পারবে না—তাঁর চোখের মধ্যে যে গর্ব আর আনন্দ ছিল, সেটা সত্যিই অসাধারণ ছিল।

অনুষ্ঠানের পর, ইউনিভার্সিটির কর্তৃপক্ষ আমাদের আলাদাভাবে সম্মান জানায়। চ্যান্সেলর এবং ভাইস চ্যান্সেলর বিশেষভাবে আমাদের সঙ্গে বাইরে এসে ছবি তুলেছিলেন, আমার অসাধারণ ফলাফলের জন্য তারা আমার আদরের বাবা কে আর আমাকে যথেষ্ট সম্মান দিয়েছিলেন। সেই মুহূর্তে আমি সত্যিই অনুভব করলাম যে, আমি জীবনে কিছু অর্জন করেছি। বাবার চোখে যে গর্ব ছিল, তা আসলেই পৃথিবীর যেকোনো কিছুর চেয়ে সবচেয়ে বেশি মূল্যবান। সেই দিনটি কতটা আনন্দের ছিল, তা ভাষায় প্রকাশ করা কঠিন। আমার জীবনের সবচেয়ে আনন্দের দিন, যখন শুধু আমার সাফল্য নয়, বাবার গর্ব আর আনন্দকে সরাসরি দেখতে পেরেছিলাম।

আমাদের এই সম্পর্ক যেন এক অদৃশ্য সেতুর মতো, যেখানে ভালোবাসা, বিশ্বাস আর দায়িত্ববোধ একে অপরের সঙ্গে মিশে আছে। বাবা আমার জীবনের প্রতিটি ক্ষেত্রে দিকনির্দেশনা দিয়েছেন, আমাকে গড়ে তুলেছেন এমন একজন হিসেবে, যে কেবল পড়াশোনায় নয়, জীবনের প্রতিটি বিষয়ে আত্মবিশ্বাসী। বাবা যেমন আমার জন্য গর্বিত, আমিও তেমনই গর্বিত তার জন্য। তার মতো একজন মানুষ পৃথিবীতে বিরল। তিনি শুধু একজন অভিভাবক নন, তিনি আমার পথপ্রদর্শক, আমার শিক্ষক, আমার সেরা বন্ধু—আমার জীবনের কেন্দ্রবিন্দু।

বাবা যেন ছায়া সুনিবিড় চিরহরিৎ বন। তার চেয়ে বড় ছায়া আর হয় না। কাঁধে বাবার হাতটি থাকলে, আর কি আছে বা নেই না ভাবলেও চলে। সব কিছুর ঊর্ধ্বে তার স্থান। এক জীবনে কত রকমের নায়ক বা হিরো কল্পনা করি আমরা। সুপার হিরোটি নিঃসন্দেহে বাবা।

# 3

# বাবার ছায়া

আমার অস্তিত্বের সবচেয়ে গুরুত্বপূর্ণ অংশ হলো আমার বাবার ছায়া। ছোটবেলা থেকে আজ অবধি, যখনই আমি হোঁচট খেয়েছি বা জীবনের পথচলায় ক্লান্তি অনুভব করেছি, তখনই বাবা ছায়ার মতো আমার পাশে থেকেছেন। তাঁর ছায়া হলো আমার পথচলার এক এমন শক্তি, যা সব সময় সামনে এগিয়ে যেতে আমার সাহস যোগায়, আমার ভিতরের শক্তিকে বেরিয়ে আসতে সাহায্য করে। মা সবসময় বলেন, বাবা আমাদের জীবনে বটবৃক্ষের মতো—যার ছায়া আমাদের আগলে রেখেছে সবসময়, সব বিপদ-আপদ থেকে রক্ষা করে চলেছেন।

বাবা কখনোই আমাকে শুধু ভালোবাসা বা শাসন দিয়ে বড় করেননি; তিনি আমাকে জীবনদর্শন দিয়েছেন, নিজের প্রতি সম্মান এবং দায়িত্ববোধ তৈরি করেছেন। তাঁর কাছ থেকে শিখেছি যে, একমাত্র সত্যের পথ ই সঠিক পথ। বাবার ছায়ায় প্রতিটা কঠিন সময়েও, আমি নিজেকে সুরক্ষিত এবং গর্বিত অনুভব করি। এখনও করি কারণ আমি জানি আমার আব্বু এসে সব ঠিক করে দেবে। আব্বুর কাছে সব সমস্যার সঠিক সমাধান সর্বদাই উপস্থিত থাকে।

বাবার হৃদয়, তার চিন্তা-ভাবনা, তার নীতি-নৈতিকতা, তার চিরকালীন সততা এবং তার নিঃস্বার্থ ভালোবাসাও আমাদের

জীবনের এক গভীর ছায়া, যা আমাদেরকে সব সময় ঘিরে রেখেছে। তাঁর মুখে হাসি থাকুক বা চিন্তার ছাপ, তার উপস্থিতি এক শান্তির আশ্রয়ের মতো। আজও যখন জীবনের নানা অনিশ্চয়তা আমাকে ঘিরে ধরে, বাবার ছায়াটাকে পাশেই পাই। আমার বাবা আমার সঙ্গে আছেন। তাঁর আদর্শ, তাঁর শিক্ষা এবং তাঁর মূল্যবোধ আমাকে সব সময় সাহস দেয় এবং সঠিক পথ দেখায়। বাবার ছায়া—এটা শুধু একটি শব্দ নয়, এটি আমার জীবনের শক্তি, আমার বিশ্বাস, আমার পরিচয়। বাবা আমার জীবনের এক অমূল্য রত্ন। তাঁর ছায়ায় থেকে আমি যা শিখেছি, তা জীবনের সবচেয়ে বড় দান। এবং এই ছায়া কখনোই আমার জীবনে ফিকে হবে না, যতদিন আমি বাঁচব, বাবার ছায়া আমার পথ চলার সঙ্গী হয়ে থাকবে।

আমার বাবা আসলেই আমার জীবনের সবচেয়ে মূল্যবান রত্ন। তিনি কেবল আমাদের পরিবারের শ্রদ্ধেয় অভিভাবক নন; তিনি একজন প্রকৃত নায়ক। তাঁর মধ্যে এক অপরিসীম সৎ ও মহৎ চরিত্র রয়েছে, যার জীবনে মিথ্যা বা অন্যায়ের কোনো স্থান নেই। সততা, ন্যায় এবং মানবিকতার এক উজ্জ্বল উদাহরণ তিনি, এমন একজন মানুষ যাঁকে শুধু আমি নয়, আমাদের চারপাশের সবাই শ্রদ্ধার চোখে দেখে। কিছু মিথ্যা সংবাদ এবং আংশিক সত্য তাকে কখনোই অসৎ প্রমাণ করতে পারে না। সত্য হলো, তিনি একদম নিষ্পাপ এবং সৎ।

ভালোর বিরুদ্ধে খারাপের লড়াই পৃথিবীতে নতুন কিছু নয়; সময়ের শুরু থেকেই এই সংঘাত চলে আসছে। সবসময় ভালো মানুষকেই সবচেয়ে বেশি কষ্ট সহ্য করতে হয়। কিছু হিংসুটে, লোভী ও কালো মনের মানুষের লক্ষ্য থাকে ভালো মানুষদের অস্তিত্ব ধ্বংস করে দেয়া এবং তাঁদের নিষ্পাপ জীবনটা কে নষ্ট করে দেয়া। কিন্তু "রাখে আল্লাহ মারে কে?" বলে একটা কথা আছে—শেষ পর্যন্ত সত্য ও ন্যায়ই জয়ী হয়। তা না হলে, সততার প্রতি মানুষের বিশ্বাস চিরতরে হারিয়ে যাবে। বাবা এই পৃথিবীকে সব সময় শুধু ভালোবাসা এবং সহানুভূতির দৃষ্টিতে দেখেন। তবে, যত বড় হতে থাকলাম তত ভালভাবে বুঝতে পারলাম যে,

*পৃথিবীটা শুধু কঠিন নয়, অত্যন্ত ন্যায়ের বিপরীত এক জায়গা।*

বাবা হয়তো এটা কখনো বুঝতে পারেননি, এখনোও বুঝেননা। আমার বাবার মধ্যে এমন কিছু আছে যা তাকে অন্যদের থেকে একদম আলাদা করে থাকে। আর সেই জিনিসটি হলো, মানব জাতির মতো বেইমান জাতির উপর তার অন্ধবিশ্বাস। অনেকেই বলে যে এটা একটা দোষ কিন্তু আমি বলব যে এটা আমার বাবার সবচেয়ে বড় গুণ। তার মানুষের প্রতি অন্ধবিশ্বাস প্রমাণ করে যে তার মন এবং হৃদয় একদম পরিষ্কার। এর মধ্যে কোন অপরিষ্কার কিছু নেই। তিনি নিজে একজন ভালো মানুষ বলেই তিনি অন্যকে অন্ধের মত বিশ্বাস করে ফেলার ক্ষমতা রাখেন। একটি শিশুর মতো তিনি মানুষকে বিশ্বাস করে ফেলেন খুব সহজেই। এটা কখনো কারো দোষ হতে পারে না। মানুষকে বিশ্বাস করা কখনো কারো অপরাধ হতে পারে বলে আমি মনে করি না। এটাকে সরলতা বা পবিত্রতা বলা যেতে পারে। তিনি এমন এক মানুষ যে কখনো নিজের ব্যাঙ্ক একাউন্ট নম্বর বা কার্ড এর পিন নম্বর টা ও জানেন না। শুনলেই অবাক লাগে, কেও কি এতটা সরল হতে পারে? আমার বাবা এতটাই সরল। দুনিয়ার কেও বিশ্বাস করুক আর না করুক, আমি আর আমার আল্লাহ খুব ভালো ভাবেই জানেন। আমি অনেক গর্বিত যে আমি এত পবিত্র একজন মানুষের কন্যা।

তিনি তার কর্মচারী, বন্ধু, আত্মীয়, এমনকি অপরিচিতদের সঙ্গেও এক অদ্ভুত নির্ভরশীল সম্পর্ক গড়ে তুলেন সবসময়। তিনি তাদেরকে নিজের পরিবারের সদস্য হিসেবে দেখতেন এবং এখনো তাদের কাছ থেকে আশা রাখেন। পরিবারের সদস্যের চেয়েও বেশি সময়, ভালোবাসা ও বিশ্বাস বাবা তাদেরকে দিয়েছেন গত ৩৫ বছর ধরে। তার কাছে সবাই সমান, সবাই মূল্যবান। তিনি যখন কারও ওপর বিশ্বাস করে ফেলেন, তখন তাকে সর্বোচ্চ ভালোবাসা দেন। আবার তার উপর নিজের মনে করে, রাগ, অভিমানও খুব করেন। এটা তার সরলতার ও ভালো মনের প্রমান। কিন্তু এই অন্ধ বিশ্বাস আজ তাকে বড় ধরনের ক্ষতির সম্মুখীন করেছে, কারণ পৃথিবীতে সবাই সত্যিকার অর্থে এতটা সরল এবং নিঃস্বার্থ

নয়। মাঝে মাঝে ভাবি এই পৃথিবীতে মনে হয় একমাত্র আমার এই আদরের বাবাটাই সরল ও নিষ্পাপ।

আমাদের বাসায় বা অফিসে যারা শুরু থেকে কাজ করে আসছে, আমার জন্মের আগে থেকে, আদো তারাই কাজ করে যাচ্ছে কারণ বাবার আর মায়ের দুই জন এরই মনে অনেক মায়া। কাজের লোক অপরাধ করলেও আমাদের বাসার নিয়ম ছিল তাদেরকে কখনো বের করা যাবে না। এই জিনিসের ফায়দা খুব উঠাতো সবাই, এবং ভয়ডর বলতে কিছু ছিল না কারো। আমি অনেকবার বাবা কে বলতাম যে এসো আমরা দক্ষ, এক্সপেরিয়েন্সড ও শিক্ষিত মানুষ রাখি কিন্তু মা বাবা সব সময় বলতেন, "অনেক বছর ধরে তারা আমাদের সাথে আছে। তাদেরকে বদলানো যাবে না, তারা আমার ছেলের মতো।" মাঝে মাঝে ঠাট্টা করে বলতেন, "তাদেরকে বের করে দিলে কি তুমি কাজ করবে নাকি মা?" কিন্তু এখন যে সব কাজ আমি ই করতে পারি। বিশ্বাস ও মায়া ভালো, কিন্তু এখনকার যুগে বোকা মানুষদের অনেক ফায়দা উঠায় সবাই।

এত কিছুর সত্ত্বেও বাবার মনে কখনোই বিরক্তি বা সন্দেহের কোনো স্থান দেখিনি। তাঁর হৃদয়ে কোনো শক্রতা বা রাগের স্থান নেই। এর ফলে, অনেক সময় মানুষ তাঁর সরলতা ও নির্দোষতার সুযোগ নিয়েছে। তাঁকে ঠকানো হয়েছে, তাঁকে ব্যবহৃত করা হয়েছে। কিন্তু তবুও, তিনি কখনো তার বিশ্বাসে পরিবর্তন আনেননি, কখনো তাঁর সততার পথে পিছু হটেননি। বাবার কাছে, মানুষের ভালো দিক দেখাটা ছিল এক প্রাকৃতিক প্রবৃত্তি। তিনি বিশ্বাস করেন যে, পৃথিবীটা ভালো মানুষেই ভর্তি, এবং তাঁর বিশ্বস্ততা কখনো ব্যর্থ হবে না। আমি প্রায়ই ভাবি যে কোথায় আছে এই কাল্পনিক ভালো মানুষগুলো? কেও কি এগিয়ে আসবে আমার এই পবিত্র বাবার সত্য টা সামনে আনতে? আমি রোজ তাদের দেখে মর্মাহত এবং লজ্জিত হই আর ভাবি যে বাবা কিভাবে এই স্বার্থপর লোকজন দের নিজের আপন মানুষ ভাবতেন। বাবার মতো ভালো মানুষেরা হয়তো সবাইকে নিজের মতোই ভালো ভাবে।

*আমি সব সময় জানি যে বাপ আর বেটির জন্য আল্লাহ ই যথেষ্ট।*

বাবা যাদের জন্য নিজের জীবন বিপন্ন করেছেন, তাদের অনেকেই আজ তাঁর পাশে নেই। আমার বাবা জীবনে এক পয়সাও হারাম খাননি—এটা আল্লাহ নিজেই সাক্ষী, আর তার পরিবারের সদস্য, বন্ধু-বান্ধব থেকে শুরু করে আশেপাশের লক্ষ লক্ষ মানুষও তার সততার সাক্ষ্য বহন করে। তিনি সারাজীবন মানুষকে দিয়েছেন, বিনিময়ে একটা সুতা ও নেননি, নিজের জন্য কিছু সঞ্চয় করতেও ভাবেননি। আজ আমাদের আর্থিক অবস্থা হয়তো খুবই শোচনীয়, কিন্তু ভালোবাসা, সততা আর শিক্ষার দিক থেকে আমরা পৃথিবীর সবচেয়ে ধনী।

বাবা কখনো নিজের কষ্ট প্রকাশ করেননি, কখনো কারও প্রতি বিরক্তি দেখাননি, কিংবা কাউকে ছোট করে কথা বলেননি। এমনকি যখন অন্যায় তাঁর দিকে ধেয়ে এসেছে, তখনও তিনি নিজের জন্য কিছু দাবি করেননি। কেউ যদি তাঁকে ঠকিয়েও দিত, তিনি তা দেখেও নিরবে চলে যেতেন, যেন কিছুই হয়নি। কিন্তু তবুও, কখনো কারো প্রতি বিদ্বেষ পোষণ করেননি বা কোনো অপমানজনক কথা বলেননি। এটা সত্যিই আমার হৃদয়ে গভীর বেদনা দেয়। এই নিষ্পাপ শিশুর মতো মানুষটির কিসের এত শত্রু? আসলে কেউই তার শত্রু নয়। কিছু মানুষ তার নাম বিক্রি করে চলেছে এবং তার নাম বলে বলে মানুষকে ঠকিয়েছে, যার বিন্দু মাত্র খবরও আমার এই সরল বাবা আদৌ জানেন না। কিন্তু ভোগান্তি টা পুরোপুরি আমার বাবার উপর চলে এসেছে। আমার বয়স টা বেশি না, যতদিনে আমি গড়ালেখা শেষ করলাম, বাবার জীবনে ঝামেলার সময়টা এসে পৌঁছেছিল। খুব ইচ্ছে হয়, যদি কোনও অলৌকিক কিছু ঘটতো, আর সবার সামনে সত্য প্রকাশ পেত। যদি সবাই দেখতে পেত, যে আমার বাবাকে শুধু বোকা ভেবে ব্যবহার করা হয়েছে। সব কিছুই মিথ্যা, আর আমার বাবার সত্যটাই আসল সত্য।

বাবার জীবন এক নিঃস্বার্থ ভালোবাসার মহাকাব্য, যেখানে শুধু শ্রদ্ধা আর দয়া বিরাজমান। তাঁর হৃদয়ের অসীম বিশ্বাস আর ভালোবাসা আজও অক্ষয়। তবে, মাঝে মাঝে তাঁর এই মহৎ বিশ্বাস আর উদারতা কিছু মানুষের জন্য সুযোগের পথ খুলে দিয়েছে, আর তাতেই হয়তো তাঁর সাদাসিধে মনের মূল্য চুকাতে হয়েছে। তবু, তাঁর নীরব অথচ শক্তিশালী ভালোবাসার গল্প আজও যেন এক আলোকবর্তিকা হয়ে জ্বলছে।

বাবা শুধুমাত্র তার পরিবারকেই নয়, বন্ধু, আত্মীয়স্বজন, গ্রামের মানুষ, এমনকি অপরিচিতদেরও সাহায্য করতে কখনো পিছপা হননি। এমনকি, যদি রাত ৩টার সময়ও কেউ তার সাহায্য চাইত, তিনি একটুও দ্বিধা না করে সবার পাশে দাঁড়াতেন। তার এই দয়ালু প্রকৃতি আমাদের কাছে কখনো কখনো চিন্তার কারণ হয়ে দাঁড়াত। আমরা জানতাম, পৃথিবীটা তেমন সহজ নয়; এটি স্বার্থপর, সুযোগসন্ধানী, এবং কেউ তার মতো কাউকে সাহায্য করবে না। বাবা বিশ্বাস করেন যে প্রতিটি মানুষের ভালো দিক আছে, এমনকি যেখানে অনেকেই সুযোগ নিতে চায়, সেখানে তিনি আশাবাদী থাকেন।তিনি নিজে কখনো কোনো লাভের আশা না করে, অন্যদের জন্য অকাতরে সবকিছু দিয়েছেন। যখন কেউ বাবাকে ঠকায়, তখন সে শান্ত থাকেন, কখনো কারোর খারাপ চান না, কখনো কাউকে নিন্দা করে না। সে শুধু দুঃখ প্রকাশ করে, নিজের অভ্যন্তরীণ যন্ত্রণাকে গোপন করে রাখেন। আর গভীর রাতে তার সুন্দর হাতে তসবিহ নিয়ে আল্লাহর কাছে মনের সব দুঃখ প্রকাশ করেন। বাবা কখনো নিজের মনোভাব বা অভ্যন্তরীণ যন্ত্রণা আমাদের সামনে পুরোপুরি প্রকাশ করেন না, তিনি সবসময় আমাদেরকে ভালো রাখেন, আমাদের মুখে হাসি রাখেন, এবং একমাত্র তাঁর একান্ত ভালোবাসার কারণে আমরা সবসময় সবাই নিরাপদ বোধ করি।

বাবা, যিনি তার জীবনের প্রতিটি মুহূর্ত অন্যের জন্য ত্যাগ করেছেন, যিনি অন্যকে এগিয়ে নিয়ে যেতে প্রতিটি পদক্ষেপ নিয়েছেন, আজ যখন নিজেই অসহায়, তখন তার সঙ্গী হয়নি পৃথিবীর কোনো মানুষ, এমনকি তার নিজের পরিবারও তার

জন্য কিছু সাহায্য করতে পারেনি। যে পৃথিবী তাকে একসময় ভালোবাসার ওয়াদা করেছিল, সে পৃথিবী আজ ব্যর্থ। ধিৎকার জানাই আমি তাদের সবাইকে। বাবা এমন একজন ব্যক্তিত্ব, যিনি সবার প্রিয়, কিন্তু তাঁর কষ্টের মাঝে কোনো সহানুভূতি কিংবা সাহায্যকে খুঁজে পাওয়া যাচ্ছে না। এটা এক বিরাট অবিচার—বাবা তাঁর পুরো জীবন কাটিয়েছেন একমাত্র মানুষের জন্য, কিন্তু মানুষ তার আদর্শ ও বিশ্বাসের মূল্যায়ন করতে ব্যর্থ। হায়রে মানুষ তোরা কি চেহারা দেখাইলি আমাদের কে! যার কেও নেই, তার আল্লাহ আছেন এবং আল্লাহ ই আমার বাবার জন্য আমাকে এই পৃথিবীতে হয়তো পাঠিয়েছেন।

বাবার সোনালী হৃদয়ের প্রতি অবিচারের এই বিষয়টি কোনোদিন মেনে নেয়া যায় না। তাঁর প্রতি মানুষের এই ব্যবহার, একের পর এক ঠকানো, তাঁর পছন্দের মানুষদের দ্বারা প্রতারণা, মিথ্যে অপবাদ, সবকিছুই মেনে নেয়ার মতো না এবং আমার বিশ্বাস এগুলো আল্লাহর দরবারে পৌঁছে গেছে। আমার বাবা, যিনি কখনো কাউকে কোনো ক্ষতি করেননি, যিনি নিজের ভালোবাসা দিয়ে সবকিছু দিয়েছেন, তাকে এমন অবিচারের শিকার হতে দেখা সত্যিই আমার হৃদয়ে অন্ধকার সৃষ্টি করেছে। মানুষের দোষ আজকে আমার নিষ্পাপ বাবার ঘাড়ে চেপেছে এবং তার সন্তান দের কাছ থেকে তিনি দূরে।

"আমার এই ছোট্ট নিষ্পাপ আদরের বাবা রাতে ভয় পেয়ে পেয়ে ঘুমায়। আমি বুঝি কিন্তু আমার হাতিয়ার যে শুধু এই কলম টাই। ছোটবেলা থেকে বাবা আমার হাতে কলম ধরিয়ে দিয়েছে আর আজকে সেই কলম দিয়ে শুধু এই বইটি লিখার ক্ষমতাই আমার আছে। বাবা তুমি এক ফোটা ও ভয় পেও না। যার পাশে আল্লাহ আছে, যার পাশে সত্য আছে, যার সাথে পরিবারের দোয়া আছে তার কিসের ভয়? সবার আসল চেহারা আল্লাহ তোমাকে সময় মতো দেখিয়েছে, এটাও তো একটা বিরাট সন্তুষ্টি। তুমি নতুন করে সতেজ হয়ে ফিরে আসবে। তুমি মাথা উঁচু করে ফিরে আসবে। তুমি এমন একজন বীর হিসেবে ফিরে আসবে যে জীবনের সবচেয়ে বড় চ্যালেঞ্জগুলো জয় করেছে এবং ভয়কে জয় করেছে। তুমি এমন

একজন হিসেবে ফিরে আসবে যে এখন তার চারপাশের মানুষদের সম্পর্কে সত্য জানে। এগুলো আসলে ছদ্মবেশে আশীর্বাদ। তোমার ভয় পাওয়ার কিছু নেই বাবা।"


তবে, এসব কষ্টের মাঝেও, বাবার সততা আর নির্দোষতা কখনোই তার চরিত্রে বিন্দুমাত্র পরিবর্তন আনতে পারেনি। সে আজও সেই অনন্য, নির্ভীক সৎ মানুষ, যার জীবন দিয়ে সে এই দেশের মানুষের জন্য করেছেন। আমার বাবা পৃথিবীকে সততার একটি মূল্যবান শিক্ষা দিয়ে যাবেন। আমি জানি, পৃথিবী যতই অবিচারের এবং কৃপণের দ্বারা ভরা থাকুক না কেন, আমার বাবা একজন সত্যিকারের নায়ক এবং সত্যি টা আজ না হয় কাল সবার সামনে আসবেই। তাঁর মতো ভালো মানুষের প্রতি অবিচার কতটা কষ্টকর হতে পারে, তা কাউকে বোঝানো সম্ভব নয়। কিন্তু আমার বাবা, যে সব সময় হেসে এগিয়ে গিয়েছেন, সে আমাদের সবচেয়ে বড় শক্তি এবং অনুপ্রেরণা। আমার বাবা আমার বুকে ফিরে আসবেন আমি জানি।


পৃথিবী যেভাবে তাকে ঠকিয়েছে, ঠিক সেভাবেই পৃথিবী আবার তাকে তার প্রাপ্য সম্মান দিয়ে ফিরিয়ে নিয়ে আসবে। এটা একটি মেয়ের দোয়া তার বাবার জন্য। এই দোয়া কখনোই বৃথা যাবে না। তিনি কখনো হারবেন না। তিনি আমাদের কাছে সত্যিকারের নায়ক, যাঁর গল্প কখনো শেষ হবে না। তবে, যতটা গভীরভাবে বাবা আমাদের ভালোবাসেন, আমরা ততটাই গভীরভাবে জানি যে, পৃথিবীতে অনেকেই তার সরলতা, তার বিশ্বাসের সুযোগ নিয়েছে। পৃথিবী, যেখানে ভালোবাসা ও সততার মূল্য খুব কম, সেখানে বাবা একজন অমূল্য রত্ন, যে ভালোবাসা, নিষ্কলুষতা এবং আত্মত্যাগের প্রতীক।
আমার বাবার গল্প একটা চিরকালীন শিক্ষা। তার সাথে অনেক অবিচার হয়েছে, কিন্তু সে কখনো হাল ছাড়েনি। তার মতো একজন মানুষ, যে শিশুর মতো নিষ্পাপ, যখন সে এই পৃথিবীতে অসহায় হয়ে পড়েন, তখন আমি বুঝতে পারি, সত্যিই পৃথিবী অনেক কঠিন জায়গা। তবুও, বাবার দিকে তাকালে মনে হয়, তিনি

আবারও উঠে দাঁড়িয়ে আমাদের জন্য পৃথিবী জয় করবেন, কারণ তিনি যে ভালোবাসা ও বিশ্বাস নিয়ে আমাদের আগলে রেখেছেন, ও নিজেকে শক্ত রেখেছেন, তা কখনও পরাজিত হবে না।

বাবা, তুমি মহান মানুষ। যে অদম্য সততা, ভালোবাসা এবং নিষ্কলুষতা নিয়ে আমাদের পাশে আছো, সে জন্য আমরা সবাই চিরকাল তোমার কাছে কৃতজ্ঞ। তোমার মতো আর কেউ আসবে না, এবং তুমি আমাদের জীবনের অমূল্য নায়ক, একজন সত্যিকারের যোদ্ধা, একজন সত্যিকারের নায়ক। তোমার পায়ের নিচে আমাদের বেহেস্ত।

# বাবান

বইটি পরে একটা কথা ই শিক্ষা যাবে যে, বাবা তো বাবা-ই। এত বড় পৃথিবীতে কত সম্পর্কেই না আমরা জড়াই। কিন্তু বাবার মতো কেউ হয় না।

বাবা-মেয়ের সম্পর্কের গভীরতা আসলে কোনো ভাষায় প্রকাশ করা সম্ভব নয়। তিনি আমার সবচেয়ে বড় বন্ধু। তার ভালোবাসা এতটাই অগাধ এবং গভীর যে, তা শুধু শব্দ দিয়ে বর্ণনা করা অসম্ভব। এটি সেই নিঃস্বার্থ ভালোবাসা, যা কখনোই ক্ষয় হয় না, বরং সময়ের সঙ্গে আরও শক্তিশালী এবং অটুট হয়।

বাবার ত্যাগ এবং ভালোবাসা চিরকাল আমার জীবনের অনুপ্রেরণা হয়ে থাকবে। তার প্রতিটি নিঃশ্বাস, প্রতিটি পদক্ষেপ আমাকে এই শিক্ষাই দিয়েছে যে, জীবনে প্রকৃত সাফল্য শুধু নিজের জন্য কিছু অর্জন নয়, বরং অন্যদের জন্য কিছু করে যাওয়ার মধ্যেই প্রকৃত সুখ খুঁজে পাওয়া যায়। আমার জীবনের প্রতিটি সাফল্যে, প্রতিটি অর্জনে বাবার ভালোবাসার প্রতিফলন আছে, তার অসীম ত্যাগের গল্প লুকিয়ে আছে। আজ আমি গর্ব করে বলতে পারি, আমার বাবা শুধু আমার নায়ক নন, তিনি এই পৃথিবীর সবচেয়ে মহান এবং নির্মল হৃদয়ের মানুষ।

বাবার ভালোবাসা ও ত্যাগ আমাকে শিখিয়েছে, জীবনে যতই ঝড় আসুক না কেন, ভালোবাসা এবং সম্পর্কের বন্ধনই সবচেয়ে মজবুত আশ্রয়। বাবা হচ্ছেন আমার জীবনের আলো—আমার প্রতিটি সাফল্যের পেছনে রয়েছে তার ভালোবাসার স্পর্শ, তার স্নেহ এবং মমতা।

৩৩

একজন প্রকৃত বীর সেই, যে নিজের স্বার্থ ত্যাগ করে অন্যদের জন্য দাঁড়ায়— আর সেই বীরপুরুষ আমার বাবা।